CW01486392

Pour être tenu au courant de nos publications, envoyez vos coordonnées à :
La Plage – Rue du Parc – 34200 Sète
edition@laplage.fr
www.laplage.fr

© Éditions La Plage, 2009

ISBN : 978-2-84221-206-3
Conception graphique – PAO : Myriam Gauthier-Moreau
Relecture et corrections : Clémentine Bougrat
Photogravure : Atelier Six, Montpellier
Imprimé à Barcelone sur les presses de Beta, imprimeur labellisé pour ses pratiques respectueuses de l'environnement.

Toute reproduction, intégrale ou partielle, par quelque procédé que ce soit, de la présente publication, faite sans l'autorisation de l'éditeur, est illicite (article L/122.4 du Code de la propriété intellectuelle) et constitue une contrefaçon. L'autorisation d'effectuer des reproductions par reprographie doit être obtenue auprès du Centre français d'exploitation du droit de copie (C.F.C.) – 20, rue des Grands-Augustins – 75006 Paris - Tél. : 01 44 07 47 70.

P'tit Chef biO

Clea

Photographies de Myriam Gauthier-Moreau

éditions La plage

Le petit mot de Clea

Pour ma petite Eline... vivement qu'on cuisine !

Le petit mot de Myriam

Pour Sarah, toujours enthousiaste à l'idée de cuisiner... Miam Miam !

sOmmaire

Voyage au pays des saveurs

Il existe 4 saveurs : le sucré, le salé, l'amer et l'acide. Elles se complètent, se marient, un peu comme des couleurs sur la palette d'un peintre. La cuisine, c'est l'art d'associer les saveurs.

Lorsque l'on mange, bien souvent, toutes ces saveurs se mélangent dans notre bouche et on ne sait pas vraiment comment les décrire. Avec Zoé, Léon, Lili et Max, les 4 héros de ce livre, tu vas apprendre à décrire les saveurs qui se bousculent sous ton palais : celle qui fait sourire, celle qui pique, celle qui donne soif et celle qui fait faire la grimace…

Grâce à eux, tu vas apprendre à faire la cuisine comme les grands, en utilisant les fruits et les légumes de saison. Tu vas certainement pouvoir surprendre tout le monde avec des recettes mystérieuses et des ingrédients secrets.

Surtout, amuse-toi bien !

L'acide

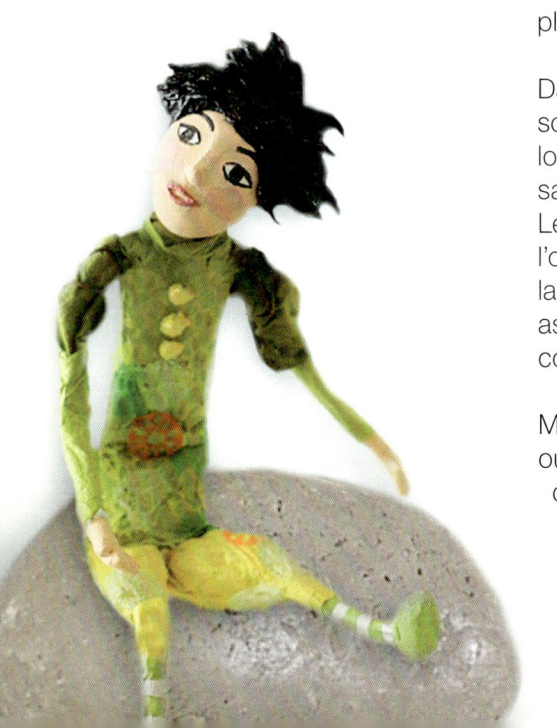

Voici Max Acide. Il tire souvent la langue, parce que l'acide, ça picote !

Le parfait exemple de la saveur acide, c'est le vinaigre. Il fait vraiment pleurer et pique la langue.

Dans la nature, on trouve l'acidité dans la plupart des fruits. Moins ils sont mûrs, plus ils sont acides et moins ils sont sucrés. Mais même lorsqu'ils sont bien sucrés, ils conservent une certaine proportion de saveur acide, et c'est cela qui les rend aussi rafraîchissants et délicieux. Les fruits les plus acides sont les agrumes : le citron, le pamplemousse, l'orange… Les petits fruits rouges, comme la framboise, la mûre ou la groseille, sont également très acidulés. Et tous les fruits que tu as l'habitude de manger souvent, comme la pomme ou l'abricot, contiennent aussi un peu d'acidité.

Mais on retrouve aussi cette saveur dans certains légumes (l'épinard ou l'oseille, par exemple), ainsi que dans des plantes comme l'hibiscus ou la mélisse, que l'on boit parfois sous forme d'infusion.

Au quotidien, tu manges souvent des aliments un peu acides, comme le yaourt ou le fromage blanc. Et aussi certaines céréales, comme le boulgour ou l'épeautre.

Le Salé

Voici Léon Salé. C'est un peu le roi de la mer et des océans, puisque c'est de là que vient la saveur salée.

De la mer, on extrait le sel, mais aussi les algues et certaines plantes, comme la salicorne. Tous ces aliments portent le goût de la mer et sont naturellement salés. Si tu manges des algues, tu auras l'impression d'être transporté(e) au bord de l'océan en une seule bouchée.

En dehors des produits qui viennent de la mer, la plupart des aliments salés sont fabriqués par l'homme, car le sel permet de les conserver longtemps. C'est par exemple le cas de la sauce de soja, qui contient beaucoup de sel. Mais ça l'est aussi pour les aliments qui sont conservés dans le sel et le vinaigre, comme les olives en saumure ou les prunes umebosis, des prunes japonaises macérées qui donnent un jus délicatement salé.

Les aliments fumés développent aussi une saveur salée : c'est par exemple le cas du tofu fumé. Le fromage, qui contient un peu de sel, a une saveur légèrement salée qui se renforce avec le temps (le parmesan, par exemple, a un goût plus salé que le fromage de chèvre frais).

Sais-tu que l'on n'utilise pas le sel uniquement dans les plats salés ? En effet, une petite pincée de sel permet de rehausser toutes les autres saveurs (le sucré, l'amer et l'acide). On dit qu'il donne du goût. C'est pour cela que l'on en met toujours une petite pincée dans la pâte à gâteau, par exemple.

Le sucré

Voici Zoé Sucré. C'est elle qui représente ta saveur préférée, celle que tu retrouves dans tous les desserts. On dit parfois que quelque chose est sucré, parfois que c'est doux.

Dans la nature, on trouve d'abord le sucre dans les fruits. La fraise, la pomme, la poire, le melon, la pêche… Ils sont tous gorgés de sucre, même s'ils peuvent aussi avoir une saveur acidulée. Les fruits secs sont encore plus sucrés que les fruits frais. Goûte un raisin frais et un raisin sec pour les comparer : dans le raisin sec, il n'y a plus du tout d'eau et le sucre a pris toute la place.

Mais certains légumes, eux aussi, sont sucrés : la carotte, la betterave, le panais, le petit pois ou le potiron, par exemple. Même quand on ne les mange pas en dessert et qu'on leur ajoute un peu de sel pour en faire un plat, on dit que ces légumes sont doux.

Le sucre, quant à lui, provient de la canne à sucre ou bien de la betterave sucrière (la cousine de la betterave que l'on mange). Il existe toutes sortes de sucres : blond, brun, complet… Ils ont tous un goût différent, mais leur saveur sucrée est la même. On les utilise principalement pour confectionner des desserts. Dans la nature, on trouve également du miel, produit par les abeilles et naturellement très sucré. On fabrique aussi des sirops à partir de plantes ou de céréales, que l'on utilise comme du miel : le sirop d'agave, le sirop de riz, le sirop de maïs, le sirop d'érable…

À propos des céréales, sais-tu qu'elles aussi ont une saveur très douce ? Le millet, le riz, l'orge ou la semoule de maïs, par exemple, sont naturellement sucrés. C'est également le cas des laits végétaux fabriqués à partir de céréales, comme le lait de riz ou le lait d'avoine, et des laits obtenus à partir de fruits oléagineux comme l'amande ou la noisette.

L'amer

Voici Lili Amer. C'est la meilleure amie de Zoé Sucré : elles sont complètement différentes, mais ne dit-on pas que les contraires s'attirent ?

Un aliment qui serait totalement amer serait immangeable, car l'amertume est quelque chose de désagréable. D'ailleurs, elle sert à signaler à l'organisme qu'un aliment peut le rendre malade, comme certaines plantes, immangeables car extrêmement amères. Heureusement, les aliments amers comestibles contiennent toujours une autre saveur qui leur donne bon goût.

Le cacao, par exemple, est très amer. Pourtant, il suffit de le marier avec du sucré pour qu'il soit délicieux en donnant le chocolat !

On rencontre la saveur amère surtout dans les légumes, et notamment les salades (chicorée, endive, frisée, cresson, roquette…), les choux ou encore l'artichaut.

Mais certains fruits contiennent une bonne dose d'amertume, comme l'orange amère ou le pamplemousse. Comme ils sont également sucrés et acides, cela ne les empêche pas d'être délicieux. L'amande, par exemple, est à la fois douce et amère. Certaines céréales, pourtant douces, sont aussi un peu amères, comme l'amarante, le quinoa ou le sarrasin.

Lorsque l'on ajoute un élément un peu amer dans un plat, cela lui donne une saveur plus compliquée. C'est pour cela que, bien souvent, on apprécie de plus en plus la saveur amère en grandissant, mais pas vraiment lorsque l'on est enfant. Certains produits amers, comme le thé vert ou le café, sont surtout consommés à l'âge adulte.

Mais tu verras que ton palais d'enfant est capable lui aussi d'apprécier cette saveur, par petites touches subtiles : un peu d'huile d'olive, quelques pincées d'épices, du sésame ou encore du basilic apporteront un peu d'amertume mais aussi beaucoup de parfum à ton plat.

Quelques conseils avant de commencer...

- Lave-toi toujours bien les mains avant de cuisiner.
- N'oublie pas de mettre un tablier pour ne pas te salir. Il faut aussi retrousser tes manches.
- Lorsque tu veux faire une recette, rassemble les ingrédients avant de commencer. Ainsi, tu seras sûr(e) de ne rien oublier.
- Assure-toi aussi que tu as bien le temps de réaliser la recette. Certaines sont longues à faire cuire.
- Demande l'aide d'un adulte si tu veux faire cuire ou chauffer quelque chose.
  Tu dois toujours demander avant d'utiliser un appareil électrique, comme le mixeur ou le four, par exemple.
- Si tu ne comprends pas bien la recette ou si quelque chose est trop difficile pour toi, demande aussi à un adulte de t'aider.
- N'approche jamais tes mains des plaques de cuisson. N'oublie pas que même quand elles sont éteintes, elles peuvent être encore très chaudes.
- N'hésite pas à goûter au fur et à mesure pour voir si c'est bon !
- Si tu veux sortir quelque chose du four, n'oublie jamais d'enfiler des maniques.
- Essaie d'avoir toujours une éponge à portée de la main. Si tu renverses quelque chose, il faut nettoyer tout de suite.
- N'oublie pas de toujours nettoyer et ranger la cuisine lorsque tu as terminé.
- Lorsque tu fais la vaisselle, ne fais pas couler trop d'eau. L'eau est importante pour notre planète, elle est rare et chère, il ne faut donc pas la gaspiller. Pendant que tu nettoies une casserole avec le produit vaisselle, il ne faut pas laisser couler l'eau. N'utilise que ce dont tu as vraiment besoin.
- N'oublie pas de bien trier les déchets : les épluchures peuvent aller au compost si ta famille en a un, les emballages vont dans des poubelles spéciales, etc.

Petite note à l'intention des grands

Ne laissez pas votre enfant cuisiner tout seul. Même si la tâche vous paraît simple, elle peut lui poser problème. Si la recette implique une cuisson ou l'utilisation de couteaux, votre enfant ne doit pas être laissé sans surveillance. Dès 3 ans, un enfant peut touiller, découper une pâte à l'emporte-pièce, arranger une décoration dans l'assiette… Ne le laissez pas utiliser de couteaux pointus avant qu'il ait une dizaine d'années, et supervisez toutes les cuissons jusqu'à ce que votre enfant ait 12 ans.

Les pictogrammes suivants indiquent la difficulté de la recette, son temps de cuisson et la saison de réalisation (printemps, été, automne, hiver).

10 min

Les secrets
du p'tit chef bio

Faire son granola

Faire soi-même son mélange de céréales pour le matin, cela permet de mettre tout ce que l'on aime dedans.

Bien choisir les noix, les graines et les fruits qui le composent, c'est aussi amusant que de le réaliser !

Pour 1 grand bocal

- *300 grammes de flocons de céréales**
- *300 grammes d'oléagineux**
- *12,5 centilitres de jus de fruits (pomme, poire, orange...)*
- *2 c. à soupe d'huile d'olive*
- *100 grammes de fruits secs**

1. J'allume le four à 150 °C.
   Dans un saladier, je mélange les flocons, les oléagineux, le jus de fruits et l'huile.

2. J'étale ce mélange sur la plaque du four.
   J'enfourne et je laisse cuire pendant 40 minutes environ. De temps en temps, il faut sortir la plaque et remuer le mélange pour éviter qu'il ne brûle.

3. Je laisse refroidir, puis j'ajoute les fruits secs.
   Je conserve ce granola dans un grand bocal en verre.

4. Pour consommer le granola, j'en mets quelques cuillerées dans un bol et j'ajoute du lait (lait de riz, lait d'amande...) ou bien un yaourt (de brebis, de soja...), et éventuellement des fruits frais. Je peux aussi utiliser le granola pour décorer de la compote ou un yaourt et faire ainsi un joli dessert qui croque et qui fond.

* Pour cette recette, il faut choisir 1 ou plusieurs éléments dans chaque colonne. À toi de faire le mélange que tu préfères !

Flocons de céréales	Oléagineux	Fruits secs
Mélange de flocons 5 céréales	Noix	Figues
Flocons d'avoine	Noisettes	Raisins
Flocons de riz	Amandes	Canneberges
Flocons de quinoa	Graines de sésame	Abricots
Flocons de millet	Graines de tournesol	Mangue
Flocons d'orge	Graines de courge	Banane
	Graines de pavot	Papaye
	Graines de lin	Noix de coco
	Noix de cajou	Ananas

Faire ses pâtes à tartiner

Les tartines du goûter et du petit déjeuner, c'est sacré ! Et tant mieux. Mais c'est encore meilleur quand on peut tartiner des mélanges que l'on a choisis et préparés soi-même, avec plein de bonnes choses dedans. On peut aussi utiliser ces mélanges pour garnir des crêpes, tartiner des galettes de riz ou bien des tranches de fruits.

Pomme-pruneau

Je lave et j'épluche 1 pomme. Je la coupe en quartiers. Je les mets dans le bol d'un hachoir électrique. J'ajoute 4 pruneaux dénoyautés. Je mixe. J'ajoute un petit peu d'eau et je mixe à nouveau, jusqu'à ce que j'obtienne une consistance crémeuse. Je conserve au réfrigérateur et je consomme rapidement.

Poire-amande

Je lave et j'épluche 1 poire. Je la coupe en quartiers. Je les mets dans le bol d'un hachoir électrique. J'ajoute 2 cuillerées à soupe de purée d'amande. Je mixe. Je conserve au réfrigérateur et je consomme rapidement.

Banane-prune

J'épluche et je coupe 1 banane en rondelles. Je lave 5 belles prunes violettes. J'ôte les noyaux. Je les coupe en quartiers. Je place la banane et les prunes dans le bol d'un hachoir électrique. Je peux aussi ajouter un peu de purée d'amande blanche. Je mixe. Je conserve au réfrigérateur et je consomme rapidement.

Noisette-coco

Je remplis la moitié d'un pot de confiture de purée de noisette. J'ajoute 2 cuillerées à soupe de noix de coco râpée. J'ajoute ensuite du sirop d'agave, pour remplir le pot presque jusqu'en haut. Je visse bien le couvercle et je secoue le pot pour tout mélanger. Je conserve à température ambiante.

Framboise-amande

Je lave 250 grammes de framboises. Je les mets dans le bol d'un hachoir électrique. J'ajoute 2 cuillerées à soupe de purée d'amande blanche. Je mixe. Je conserve au réfrigérateur et je consomme rapidement.

Cacao-noisette

Dans un bol, je dépose 4 cuillerées à soupe de purée de noisette. J'ajoute 1 cuillerée à soupe bombée de cacao en poudre et 1 cuillerée à soupe bombée de sirop d'agave. Je mélange. Je conserve au réfrigérateur et je consomme rapidement.

Faire germer des graines

Matériel :

- 1 pot en verre
- 1 jambe de bas ou de collant noir

Ingrédients :

- Des graines à germer (on les trouve dans les magasins bio) : luzerne, alfalfa, lentille, blé, soja vert, radis, quinoa...

Les graines germées, c'est à la fois délicieux et amusant. C'est comme avoir un petit jardin à l'intérieur de sa cuisine. Elles décorent joliment tous les plats et apportent toutes des saveurs bien différentes.

1 Le premier soir, je dépose 3 cuillerées de graines à germer au fond du pot en verre. Je remplis d'eau. J'enfile le morceau de collant sur le pot. Je laisse à température ambiante toute une nuit.

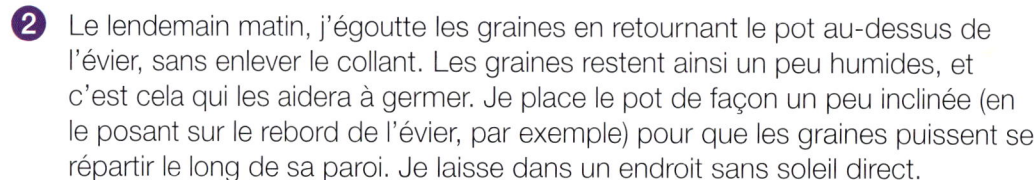

2 Le lendemain matin, j'égoutte les graines en retournant le pot au-dessus de l'évier, sans enlever le collant. Les graines restent ainsi un peu humides, et c'est cela qui les aidera à germer. Je place le pot de façon un peu inclinée (en le posant sur le rebord de l'évier, par exemple) pour que les graines puissent se répartir le long de sa paroi. Je laisse dans un endroit sans soleil direct.

2 fois par jour, j'enlève le collant, je remplis le pot d'eau, je remets le collant et j'égoutte à nouveau, comme la première fois.

3 Au bout de quelques heures, on voit déjà le germe apparaître. Puis, 1 jour plus tard, les graines sont consommables telles quelles. Pour avoir de jolies graines avec une petite tige, il faut compter 3 à 4 jours.

Lorsque les graines sont bien germées, il faut arrêter de les arroser et les placer au réfrigérateur en vissant un couvercle sur le pot. Il faut ensuite consommer les graines en moins d'1 semaine.

Faire des sels parfumés

Sel au citron

1 citron
50 grammes de gros sel

Je lave le citron et je prélève son zeste en utilisant une râpe à fromage. Je mélange le zeste avec le gros sel. Je verse dans un plat à gratin et j'enfourne pour 15 minutes à 180 °C. Je verse ensuite le tout dans un mortier et j'écrase bien avec un pilon. Je peux aussi utiliser un mixeur électrique pour aller plus vite. Je conserve le sel dans un petit pot en verre.

Question sel, Léon en connaît un rayon ! Sais-tu que l'on peut créer soi-même son sel préféré avec les parfums que l'on aime ?

Sel de sésame (gomasio)

Ce sel de sésame inventé au Japon est vraiment délicieux à parsemer sur toutes les salades.

1,5 c. à soupe de sel marin
10 c. à soupe de sésame blond

Je verse le sel et le sésame dans une grande poêle. Sur feu vif, je fais dorer les graines de sésame tout en remuant régulièrement. Je verse le tout dans un mortier, et j'écrase assez finement. Je peux aussi utiliser un mixeur électrique pour aller plus vite. Je conserve le sel dans un petit pot en verre.

Sel au thym

50 grammes de gros sel
15 grammes de thym séché

Je mets le sel et le thym dans un mortier et je les écrase finement. Je peux aussi utiliser un mixeur électrique pour aller plus vite. Je conserve le sel dans un petit pot en verre.

Faire des sucres parfumés

Sucre vanillé

Je verse du sucre de canne blond dans un bocal. J'ajoute 2 gousses de vanille. Au fil du temps, le goût de la vanille va se développer et imprégner le sucre, qui sera délicatement parfumé.

Pour faire du sucre parfumé, il suffit de demander à Zoé...

Sucre à l'orange et à la cannelle

1 grosse orange
300 grammes de sucre de canne blond
1 bâton de cannelle

Je lave l'orange et je prélève son zeste à l'aide d'une râpe à fromage. Je mélange le zeste avec le sucre. Je verse dans un plat à gratin et j'enfourne pour 15 minutes à 180 °C. Je verse dans un mortier et j'écrase finement. Je peux aussi utiliser un mixeur électrique pour aller plus vite. Je conserve le sucre dans un bocal en verre, en y ajoutant le bâton de cannelle.

Sucre fleuri

On peut aussi procéder de la même façon que pour le sucre vanillé, en mettant 1 poignée de fleurs de lavande (ou de pétales de rose) séchées à la place des gousses de vanille.

Pour 1 gros pain

- 250 grammes de farine de blé type 65
- 250 grammes de farine de blé type 80
- 20 grammes de levain déshydraté
- 30 centilitres d'eau à température ambiante
- 5 grammes (soit 1 c. à café rase) de sel de mer fin

Faire son pain, c'est du travail mais c'est très intéressant. Et surtout, quelle fierté, en sortant un magnifique pain du four, de pouvoir dire : « Regardez, c'est moi qui l'ai fait » !

1 Dans un grand saladier, je mélange les farines et le levain.
Je creuse un puits dans la farine et je verse l'eau à l'intérieur.
Je mélange à l'aide d'une cuillère en bois pour amalgamer un peu tous les ingrédients.
Je laisse reposer 15 minutes.
J'ajoute le sel et je mélange à nouveau.

2 Puis je verse le contenu du saladier sur un plan de travail fariné et je pétris avec les mains. S'il y a trop de pâte, je la sépare en deux et je demande à un adulte d'en pétrir la moitié en même temps que moi. Pour bien pétrir, il ne faut pas hésiter à jeter la pâte contre le plan de travail, à la reprendre, à l'étirer comme pour en faire un ruban, et à refaire une boule. Il faut pétrir pendant 15 minutes au moins. C'est un peu long, mais c'est amusant ! Petit à petit, la pâte à pain va devenir lisse et douce au toucher.

3 Une fois la pâte pétrie, je la remets dans le saladier, que je couvre d'un torchon propre. Je la laisse reposer pendant environ 6 heures.
Ensuite, je ressors la pâte du saladier. Je la pose sur la plaque du four et je lui donne la forme que je veux (une boule, un ovale, une baguette…). Je laisse encore reposer pendant ½ heure.
J'allume le four à 220 °C. Lorsque la température est atteinte, j'enfourne le pain et je laisse cuire pendant environ 30 minutes. La croûte doit être bien brune et le pain doit sonner creux si je tapote dessus.
Je sors le pain du four et je le laisse refroidir avant de le couper en tranches.

LES APÉROS

Des AmOurs de TOmates

Pour 4 personnes

- 12 tomates cerises
- 1 grosse c. à café de miel liquide
- 1/2 c. à café de sauce de soja*
- 1,5 c. à soupe de graines de sésame blond toastées

aucune

Connais-tu les pommes d'amour ? Ce sont des pommes recouvertes de caramel et piquées avec un bâtonnet, que l'on retrouve souvent dans les fêtes foraines. Ici, on fait pareil avec des tomates (ce sont aussi des fruits !). Cette recette surprendra tes invités, car elle est à la fois sucrée (le miel) et salée (la sauce de soja).

1 Je n'enlève pas la queue des tomates cerises pour cette recette. Je lave les tomates sous un filet d'eau. Je les dépose ensuite sur un torchon. Je les essuie soigneusement (pour ne pas faire tomber les petites queues).

2 Je prends 1 grosse cuillerée à café de miel liquide dans le pot de miel, et je la dépose dans un petit bol. Avec une autre cuillère, je mesure la sauce de soja et je la verse dans le bol. Je mélange bien avec la cuillère qui contient le miel, pour obtenir une sauce.
Je place les graines de sésame dans un autre petit bol.

3 Je saisis délicatement une tomate par la queue et je la trempe à moitié dans la sauce au miel. Ensuite, je la trempe à moitié dans les graines de sésame.
Je la dépose sur une assiette, avec la queue en dessous.
Je fais la même chose avec toutes les autres tomates.
Je place l'assiette au réfrigérateur.

4 Au moment de servir, je dispose les tomates sur un joli plat, avec la queue au-dessus. Je propose à chaque personne d'attraper une tomate par la queue pour la croquer.

** Attention, la sauce de soja est vraiment très salée.
Il ne faut pas en mettre trop à la fois quand on cuisine.
C'est la sauce préférée de Léon Salé !*

26

Miniclafoutis des fées

Pour 6 personnes

- 1 petite courgette
- 50 grammes de parmesan râpé
- 2 grosses c. à soupe de purée
  de basilic (pesto)
- 2 œufs
- 10 centilitres de lait végétal
  (soja, ou bien riz, avoine...)*
- 1 c. à soupe d'huile d'olive
- 1 pincée de sel
- 80 grammes de farine de
  blé type 80
- Quelques feuilles de basilic

As-tu déjà vu une courgette pousser dans un jardin ? À son bout, il y a une magnifique fleur. On dirait qu'une fée s'est logée à l'intérieur... C'est pour cela que la courgette est un peu le légume des fées, très doux et savoureux.

☼ 10 min

* Le « lait » végétal, ce n'est pas du vrai lait comme celui qui sort des mamelles des vaches, des chèvres ou des brebis. C'est une boisson que l'on obtient en pressant des céréales (comme le riz ou l'avoine), des plantes (comme le soja ou le quinoa) ou encore des graines oléagineuses (comme l'amande ou la noisette). Mais les boissons obtenues ressemblent tellement à du vrai lait qu'on les appelle « laits végétaux », même si elles ont toutes un goût différent et intéressant.

1 Je lave la courgette. Si elle est bio, je n'ai pas besoin de la peler. La peau bien verte sera jolie dans la recette.
Je râpe la courgette à l'aide d'un robot ou bien d'une râpe à fromage, comme pour faire des carottes râpées.

2 J'allume le four à une température de 200 °C. Dans un saladier, je verse le parmesan râpé, la purée de basilic et les œufs.

3 Je mélange bien à l'aide d'une fourchette.

4 J'ajoute le lait et l'huile, et je mélange encore. J'ajoute ensuite le sel, la farine et la courgette râpée, et je mélange encore. Je prépare en face de moi des moules à muffins ou bien des caissettes en papier. Je verse la pâte dans les moules, sans les remplir entièrement. Comme les clafoutis vont lever un peu, il faut leur laisser de la place.

5 Je les mets dans le four à 200 °C pour 10 minutes.
On peut manger ces clafoutis chauds, tièdes ou froids, comme on préfère. Avant de servir, je décore chaque petit clafoutis avec une feuille de basilic frais.

Cocktail "bonne mine"

Avec ce cocktail, tu vas vraiment pouvoir t'amuser… Il faudra faire deviner à tes invités ce qui lui donne sa belle couleur verte ! Ce sont les épinards, mais comme on les mélange avec des oranges et des bananes, il est très difficile de le savoir. Tu verras, avec ce cocktail à la couleur verte si amusante, il est impossible de ne pas aimer les épinards !

Pour 4 verres

- *2 bananes*
- *2 oranges*
- *2 belles et grandes poignées de feuilles d'épinard fraîches*

aucune

32

1 J'enlève la peau des bananes. Je les coupe en rondelles. Je mets les rondelles dans le bol d'un blender.

② À l'aide d'un couteau, j'enlève la peau des oranges. Il faut en enlever beaucoup : il ne doit rester ni l'écorce (orange) ni la peau (blanche) qui entourent les quartiers.
Ensuite, j'ajoute les quartiers d'orange dans le blender.
Je lave soigneusement les feuilles d'épinard et je les essore en pressant avec les mains.
Je les dépose sur une planche à découper et je les coupe en morceaux. Je les ajoute dans le blender.

③ Je verse aussi un petit verre d'eau sur les fruits et les épinards.
Je ferme le couvercle du blender et je mixe pendant environ 1 minute. Il faut obtenir une consistance bien homogène, un peu mousseuse, et une belle couleur verte.
Je verse dans 4 verres et je sers très frais.

LES ENTRÉES

Flans à la salade de Lili

As-tu déjà goûté de la salade cuite ? Son goût est très différent de celui de la salade crue, car elle devient un peu amère. Mais dans ce petit flan sa saveur va te surprendre.

Pour 4 personnes

- 10 belles feuilles de salade verte
- 3 œufs
- 20 centilitres de crème d'avoine liquide*
- 2 pincées de sel
- 1/2 c. à café de curry en poudre
- 4 c. à soupe de farine de blé type 80

2 min + 35 min

* La crème d'avoine liquide est très douce. Elle permet de faire la cuisine comme la crème liquide au lait de vache ou de soja. Même si la salade cuite est un peu amère, grâce à la crème d'avoine, ces petits flans seront aussi tout doux.

1 Je lave soigneusement les feuilles de salade.
Je verse 1 litre d'eau dans une casserole. J'ajoute 1 pincée de sel, je mets un couvercle sur la casserole et je porte l'eau à ébullition.
Quand l'eau bout, j'ajoute les feuilles de salade. Je les laisse dans l'eau frémissante pendant 2 minutes, puis je les sors de l'eau à l'aide d'une écumoire. Je les dépose sur du papier absorbant et je les laisse refroidir.
J'allume le four à 200 °C.
J'enlève les feuilles de salade du papier absorbant et je les dépose sur une planche à découper. Je les coupe en petits morceaux.

2 Dans un saladier, je mélange à la fourchette les œufs, la crème d'avoine, 1 pincée de sel, le curry et la farine. J'ajoute ensuite les morceaux de salade.
Je dépose un peu d'huile dans 4 ramequins et je l'étale avec mon doigt pour bien huiler le fond et les bords.

3 Je dépose les ramequins dans un grand plat à gratin. Je verse de l'eau dans le plat, jusqu'à la moitié de la hauteur des ramequins. Ensuite, je verse l'appareil à flan dans les ramequins.
Je demande à un adulte de mettre le plat à gratin dans le four chaud (c'est lourd !).
Je laisse cuire pendant 35 minutes.

4 Ensuite, je demande à un adulte d'ôter le plat du four et d'en sortir les ramequins à l'aide de maniques.
On peut déguster ces petits flans chauds, tièdes ou froids.
S'ils sont froids, on peut même les démouler et les décorer avec des petites graines ou des crudités.

36

Salade pour un jour d'été

Pour 6 personnes

Pour la salade :
- 1 pincée de sel
- 1,5 verre de boulgour gros*
- 1 bonne poignée de pignons
  de pin
- 200 grammes de feta
- 1 grande tranche de pastèque
- 1 petit bouquet de basilic

Pour la sauce :
- 1 c. à soupe de purée de
  sésame
- 2 c. à soupe d'umesu
  (vinaigre d'umebosis)
- 2 c. à soupe d'huile d'olive

As-tu remarqué que les fruits d'été, comme le melon et la tomate, sont souvent gorgés d'eau ? C'est aussi le cas de la pastèque. Tu verras, cette salade est très rafraîchissante. La pastèque est sucrée, le basilic et le sésame apportent une petite note amère, la feta et le boulgour une touche acidulée, tandis que le vinaigre d'umebosis, lui, est salé… C'est vraiment la fête des saveurs !

☼   8 min
         + 2 min

1 Je verse 2,5 verres d'eau dans une casserole et je porte l'eau à ébullition. Lorsque l'eau bout, j'ajoute le boulgour. Je laisse cuire le boulgour pendant environ 8 minutes à feu doux.
Je mets les pignons dans une poêle. Je les fais dorer pendant 1 ou 2 minutes, en remuant avec une cuillère en bois. Je les mets ensuite dans un grand saladier.

2 Je dépose la feta sur une planche à découper et je la coupe en dés. Je mets les petits dés dans le saladier.
Je place la tranche de pastèque sur la planche à découper et je la coupe en dés, en laissant bien de côté la peau et les pépins, qui ne se mangent pas. Je mets la pastèque dans le saladier.
Je détache les feuilles de basilic une à une. Je jette la queue et je lave les feuilles de basilic. Je les coupe finement et je les ajoute dans le saladier. J'ajoute également le boulgour, et je remue délicatement.

3 Dans un ramequin, je délaye la purée de sésame avec le vinaigre d'umebosis et l'huile d'olive. Je verse cette sauce sur la salade et je mélange délicatement.

4 Pour présenter la salade d'un jour d'été, je peux creuser un trou dans un morceau de pastèque, disposer quelques feuilles de salade verte et ajouter quelques cuillerées de salade.

38

*Le boulgour, c'est du blé ! Un peu comme pour la graine du couscous, le blé a été transformé pour donner les grains (fins ou gros) du boulgour. On peut le cuisiner comme du riz, mais il cuit encore plus vite (moins de 10 minutes). Il a un petit goût acidulé et il est vraiment délicieux dans les salades composées.

Soupe aux paillettes d'Or

Pour 4 personnes

- 200 grammes de carottes
- 1 petit poireau
- 200 grammes de bouquets de chou-fleur
- 100 grammes de flocons de millet*
- 1 pincée de sel
- 1 petit bouquet de persil

20 min

En hiver, notre corps a besoin de beaucoup de vitamines et de minéraux. Heureusement qu'on peut les trouver dans les soupes de légumes : carotte, poireau, chou-fleur… Si tu trouves que les soupes ne sont pas amusantes, tu devrais essayer celle-ci : grâce aux flocons de millet, on dirait qu'une petite fée a parsemé des paillettes d'or à l'intérieur !

* Le millet est une céréale avec de toutes petites graines. Sa saveur est très douce. Quand il est transformé en flocons, on peut en faire des galettes, des biscuits, des soufflés… Il habille tous ces plats de ses jolies paillettes dorées.

1 J'épluche les carottes et je coupe chaque extrémité. Je lave les carottes sous un filet d'eau du robinet, puis je les dépose sur un torchon pour les sécher. Ensuite, je les coupe en rondelles et je les mets dans une grande casserole.
Je coupe le pied du poireau et j'enlève aussi le bout des feuilles vertes, s'il est un peu dur ou abîmé. Je le lave bien soigneusement sous un filet d'eau, en positionnant le blanc en haut et le vert en bas. Ainsi, s'il y a un peu de terre à l'intérieur du poireau, elle sortira plus facilement. Je coupe ensuite le poireau en rondelles et je l'ajoute dans la casserole.
Je rince les bouquets de chou-fleur et je les mets aussi dans la casserole.

2 J'ajoute les flocons de millet.
Je verse de l'eau jusqu'à la hauteur des
légumes, pas plus.
Je fais cuire à feu doux pendant 20 minutes
environ. À la fin de la cuisson, j'ajoute
1 pincée de sel.
Pendant la cuisson, je lave le persil et j'enlève
la queue. Je dépose les feuilles sur une
planche à découper et je les hache finement.

3 Je mixe la soupe à l'aide d'un blender, d'un mixeur
plongeant ou d'un moulin à légumes (je demande à
un adulte comment les utiliser). Je dois obtenir un joli
potage crémeux. Je le verse dans des bols, je décore
de persil haché et je sers sans attendre.

LES PLATS

Pour 4 personnes

- 1 gros chou-fleur
- 1 pincée de sel
- 1 bocal (de 300 grammes) de sauce tomate aux cèpes
- 180 grammes de feta
- 4 c. à soupe de chapelure*
- 2 c. à café d'herbes de Provence séchées
- 1 belle poignée de graines de sésame

* Sais-tu que tu peux faire toi-même la chapelure ? Il suffit de récupérer un morceau de pain bien sec, du pain grillé ou encore des biscottes, puis de les enfermer dans un torchon propre. Ensuite, on les écrase en passant le rouleau à pâtisserie sur le torchon, jusqu'à obtenir de toutes petites miettes.

Gratin de chou-fleur enchanteur

Le chou-fleur, niché dans ses larges feuilles, a vraiment belle allure. En hiver, il y en a souvent dans le panier du marché et parfois on ne sait plus comment le cuisiner. Propose à ta famille de réaliser ce gratin plein de saveurs, avec la feta acidulée, la chapelure et le sésame qui croque et apporte une toute petite note d'amertume.

✿✿ 10 min + 35 min

1 J'ôte les feuilles et le pied du chou-fleur. Je le découpe soigneusement en petits bouquets.
Je les rince sous un filet d'eau.

2 Je verse 1 litre d'eau dans une casserole et je couvre d'un couvercle. Je porte l'eau à ébullition, puis j'ajoute 1 pincée de sel et les bouquets de chou-fleur.
Je laisse cuire pendant 10 minutes environ. J'égoutte le chou-fleur dans une passoire posée dans l'évier. Je verse ensuite le chou-fleur dans un plat à gratin.
Je verse la sauce tomate par-dessus et je mélange délicatement.

3 Dans une grande assiette, j'écrase la feta à l'aide d'une fourchette.
J'ajoute la chapelure, les herbes et les graines de sésame. Je mélange bien le tout.
Avec les doigts, j'émiette ce mélange sur le chou-fleur à la tomate.

4 Je mets dans le four et je laisse cuire pendant 35 minutes environ, à 180 °C.

Potimarron mystère

Pour 4 personnes

- 1 potimarron de taille moyenne
- 3 échalotes
- 2 c. à soupe d'huile d'olive
- 250 grammes de girolles*
- 1 petit bouquet de persil
- 20 centilitres de crème d'avoine liquide
- 60 grammes de copeaux de parmesan

Le potimarron, que l'on trouve en automne dans les jardins, fait partie de la famille des courges. Mais il est plus petit, et son goût est à part : on dirait un peu de la châtaigne, d'où son nom ! Demande à un adulte de couper son chapeau et d'enlever ses graines : tu vas pouvoir le garnir et lui remettre son chapeau pour conserver le mystère…

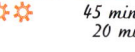

45 min + 20 min

46

*La girolle est un délicieux champignon que tu peux ramasser dans les bois, de la fin du printemps au début de l'automne. Elle a un goût délicat, plus prononcé que celui des champignons de Paris.

Lorsque tu cueilles des champignons, pour t'assurer qu'ils sont comestibles, montre-les à un pharmacien.

1 J'allume le four à 180 °C.
Je place le potimarron entier dans le four et je le cuis pendant 45 minutes environ.
Pendant ce temps, j'épluche et je découpe les échalotes en fines lamelles.

2 Je chauffe 1 cuillerée à soupe d'huile dans une poêle et je fais dorer les échalotes pendant 5 à 6 minutes. Je les mets de côté.

3 Je lave les girolles et je coupe le bas de leur pied.
Je fais chauffer 1 cuillerée à soupe d'huile d'olive dans une poêle et j'ajoute les girolles. Je les laisse cuire sur feu moyen pendant environ 20 minutes. Les girolles vont rendre de l'eau, mais elle va s'évaporer avant la fin de la cuisson. Je mélange les girolles cuites avec les échalotes et mets cette préparation de côté.

4 À l'aide de ciseaux, je hache finement le persil.

5 J'ajoute la crème d'avoine et le persil dans la préparation aux girolles. Lorsque le potimarron est cuit, je demande à un adulte de découper son chapeau et d'enlever ses graines. Je le remplis avec la préparation aux girolles. J'ajoute les copeaux de parmesan. Je mélange légèrement.
Je replace le chapeau et j'enfourne pour 20 minutes supplémentaires, à 200 °C.

Tartines aux carottes ensOrcelées

Pour 4 personnes

- 4 carottes de taille moyenne
- 200 grammes de fromage de brebis frais
- 2 c. à soupe d'huile d'olive
- 2 c. à soupe de lait végétal
- Sel, poivre
- 4 tranches de pain de campagne bien épaisses
- Quelques branchettes de thym
- 8 cerneaux de noix

Ces tartines sont bien différentes de celles, sucrées, du petit déjeuner. Elles sont chaudes et dorées, avec de délicieuses carottes fondantes en guise de garniture. Tu peux les servir accompagnées d'une belle salade de crudités : ta famille sera vraiment épatée.

20 min
+ 15 min

1 J'épluche les carottes et je coupe chaque extrémité. Je lave les carottes sous un filet d'eau du robinet, puis je les dépose sur un torchon pour les sécher. Ensuite, je les râpe à l'aide d'un robot ou d'une râpe à fromage. Attention les doigts ! Je les place dans une casserole et j'ajoute 2 cuillerées à soupe d'eau.

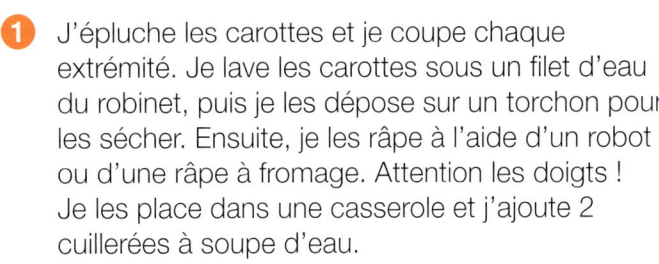

2 Je cuis les carottes sur feu doux pendant
20 minutes environ. Je laisse un peu refroidir.
Lorsqu'elles sont tièdes ou froides, je les verse
dans une passoire posée dans l'évier. Je les
presse dans mes mains pour bien faire partir
toute l'eau.
Dans un grand bol, à l'aide d'une fourchette,
j'écrase le fromage de brebis. J'ajoute l'huile
d'olive et le lait, puis 1 pincée de sel et de
poivre. Je mélange bien. J'ajoute ensuite les
carottes et je mélange encore.

3 Je dépose les 4 tranches de pain sur une plaque pouvant aller
au four.
Je les tartine avec le mélange au fromage et aux carottes.
Je décore avec quelques branchettes de thym et des cerneaux
de noix.
Je cuis dans le four à 200 °C pendant 15 minutes environ.
Je sers les tartines bien chaudes, pour accompagner une salade
de crudités, par exemple.

LES DESSERTS

Pour 4 personnes

- 1 bol de mûres**
- 60 grammes de semoule de blé très fine
- 40 grammes de sucre de canne blond*
- 1 citron
- 1/2 litre de lait de riz

*Le sucre de canne blond a un goût très, très doux. Il est différent du sucre blanc et du sucre complet. Tu peux tous les goûter pour comparer. Le sucre blanc pique un peu sur la langue. Le sucre blond a un goût de vanille. Le sucre complet est celui qui a le goût le plus fort : il sent la réglisse et les épices.

**La mûre est le fruit de la ronce dont tu peux voir les buissons lors d'une promenade champêtre. Tu peux récolter ce petit fruit sauvage, mais prends garde à ne pas te piquer les doigts, car la ronce a de nombreuses épines !

Petits pots qui font les babines violettes

Si tu as la chance de récolter de belles mûres un jour d'été, croques-en une sans tarder : on frissonne, ça pique un peu la langue tellement c'est acidulé, et surtout, ça fait la bouche toute noire ! Tu vas pouvoir t'amuser à en garnir des petits pots de semoule.

✿ ✿   15 min

1 Je rince les mûres sous un filet d'eau et je les dépose sur du papier absorbant.
Je verse la semoule dans une casserole. J'ajoute le sucre.
Je lave le citron. À l'aide d'une râpe, je prélève son zeste (la peau jaune tout autour du citron – attention, je ne prends pas la peau blanche !).

2 J'ajoute le zeste dans la casserole et je mélange avec une cuillère en bois.
Je délaye la semoule avec le lait de riz, que je verse petit à petit dans la casserole.

3 Je place la casserole sur feu doux et je fais cuire la semoule, tout en remuant avec la cuillère en bois, pendant 15 minutes environ. Petit à petit, le mélange va épaissir : il faut faire bien attention, sinon il va accrocher ! Il est important de bien remuer tout le temps.

4 Lorsque le mélange est bien épais et crémeux, je le répartis dans 4 petits pots en verre ou dans 4 ramequins.
J'ajoute les mûres dans la semoule, en les enfonçant bien avec les doigts.
On peut manger ce dessert tout de suite, ou bien attendre qu'il ait refroidi.

Pour 4 personnes

- 2 grosses pommes pour la compote
- 1 c. à soupe de sucre complet
- 1/2 litre de jus de pomme
- 1 c. à café rase d'agar-agar*
- 1 jolie pomme pour la décoration

20 min
+ 2min

As-tu remarqué que l'on peut manger les pommes de 3 façons ? Cuites, en jus ou bien toutes crues. Dans cette recette, ce qui est amusant, c'est que l'on utilise les 3 ! En plus, la pomme est un fruit à la fois sucré et acidulé. On n'a donc presque pas besoin d'autres ingrédients pour en faire un délicieux dessert.

* *L'agar-agar, c'est une algue ! Mais contrairement aux autres algues, elle ne sent pas la mer et n'a pas un goût salé. C'est une poudre toute blanche, qui n'a pas de goût ni d'odeur. C'est vraiment une algue magique : grâce à elle, on peut tout transformer en gelée. Pour cela, il faut bien la faire chauffer dans un liquide (comme le jus de pomme de la recette), puis attendre qu'elle refroidisse.*

1 Je passe 4 bols sous un filet d'eau du robinet et je les retourne sur l'égouttoir à vaisselle, sans les sécher.

2 Je lave 2 pommes. Je les pèle à l'aide d'un épluche-légumes.
Je coupe chaque pomme en quatre, j'ôte le trognon et les pépins. Je coupe encore chaque morceau en deux.
Je mets les morceaux de pomme dans une casserole et j'ajoute le sucre.

3 Je place la casserole sur feu très doux, avec un couvercle, et je laisse cuire pendant 20 minutes environ. Lorsque les pommes sont cuites, je les verse dans le bol d'un mixeur.

4 Dans la casserole, je verse le jus de pomme. J'ajoute l'agar-agar tout en mélangeant avec une cuillère en bois.
Je porte le jus de pomme à ébullition, sans arrêter de mélanger. Je laisse frémir en comptant jusqu'à 10, puis je coupe le feu.
Je verse dans le mixeur avec les pommes et je mixe pour obtenir une fine compote.

5 Je verse le mélange dans les 4 bols que j'avais préparés.
Je laisse refroidir, puis je place les bols au réfrigérateur pour 1 heure (au moins).
Pendant ce temps, grâce à l'agar-agar, la compote va se solidifier et se transformer en une belle gelée bien brillante.

6 Je lave la jolie pomme qui reste. Si elle est bio, il est inutile de la peler. Je la coupe en quatre et j'ôte le trognon et les pépins. Je la coupe ensuite en lamelles très fines.
Au moment de servir, je passe la lame d'un couteau autour des gelées, pour les décoller de la paroi des bols. Je les démoule sur des assiettes à dessert et je décore avec les lamelles de pomme. Je sers bien frais.

Pour 4 tartelettes

Pour la pâte :
- 200 grammes de farine de blé type 80
- 25 grammes de poudre d'amande
- 1 pincée de sel
- 1 c. à soupe de sucre de canne blond
- 5 c. à soupe d'huile d'olive*
- 1/2 verre à moutarde d'eau

Pour la garniture :
- 500 grammes de fraises
- 4 c. à soupe de confiture de fraise
- 2 c. à soupe de sucre de canne blond

* Cela te paraît un peu bizarre de mettre de l'huile d'olive dans un dessert ? Et pourtant, l'olive est un fruit, et son huile est à la fois douce et un peu amère. Quand on l'utilise dans une tarte aux fruits ou dans un gâteau, on n'a pas du tout l'impression de manger des olives. C'est très doux et très bon.

Tartelettes aux fraises de grand-maman

La tartelette aux fraises, c'est un très beau dessert de printemps, car les fraises sont alors juteuses et très sucrées. Peut-être en as-tu déjà acheté une chez le pâtissier… Mais sais-tu qu'elle est très facile à réaliser ? Tu vas faire la pâte toi-même et, lorsqu'elle sera cuite, tu n'auras plus qu'à disposer très joliment les fraises par-dessus.

☼ ☼   25 min

1. Je commence par préparer la pâte.
J'allume le four à 180 °C.
Dans un grand saladier, je verse la farine, la poudre d'amande, le sel et le sucre. Je mélange avec une grande cuillère. J'ajoute l'huile d'olive et je mélange encore. J'ajoute l'eau et je malaxe la pâte avec les mains, pour former une boule bien lisse.

2 J'étale la pâte à l'aide d'un rouleau à pâtisserie, sur une feuille de papier cuisson.
Je découpe 4 cercles de pâte à l'aide d'un bol un peu plus grand que les moules à tartelettes.
Je place les pâtes dans les moules à tartelettes.

3 Avec le plat de la main, j'aplatis bien les pâtes pour qu'elles couvrent tout le fond des moules. J'égalise joliment les bords en enlevant la pâte qui dépasse.
Je place une petite feuille de papier cuisson sur les pâtes à tarte.
Par-dessus, je dispose une bonne poignée de haricots secs, ou encore des petits cailloux. Ils vont servir à lester les pâtes pour les empêcher de gonfler en cuisant !
Je les cuis au four pendant 25 minutes environ.
Je sors ensuite les moules du four et je laisse refroidir.

4 J'enlève les haricots (ou les cailloux !) et les feuilles de papier. Je démoule les pâtes à tartelettes et je les place sur un joli plat.
Je lave les fraises sous un filet d'eau. Je les sèche délicatement à l'aide d'un papier absorbant.
J'enlève les queues et je coupe toutes les fraises en deux.
J'étale la confiture de fraise sur les fonds de pâte.
Je dispose joliment les fraises par-dessus et je saupoudre de sucre. Je sers sans attendre.

LES GOûters

Petits pains de Max

Pour 6 petits pains

- 200 grammes de farine de blé type 80
- 3 c. à café de poudre à lever
- 1 pincée de sel
- 1 yaourt nature au lait de soja ou au lait de brebis
- 2 c. à soupe d'huile d'olive ou de tournesol
- 1 c. à soupe d'eau
- 4 c. à soupe de canneberges séchées*

64

Les canneberges (dites aussi « cranberries ») sont des petites baies originaires du Canada. Elles sont à la fois sucrées et acidulées. Elles sont très bonnes pour la santé. Si tu n'en trouves pas, tu peux les remplacer par d'autres fruits secs, comme des raisins, des abricots ou des figues.

Max Acide a une recette de petits pains qu'il affectionne tout particulièrement, car ils contiennent 2 de ses ingrédients favoris : le yaourt et la canneberge séchée. En plus, ils sont vraiment faciles et rapides à réaliser : Max pense que toi aussi, tu vas les adorer !

☼   25 min

1 J'allume le four à 180 °C.

2 Dans un saladier, je verse la farine, la poudre à lever et le sel. Je mélange et je creuse un puits au milieu.
Dans un bol, je verse le yaourt. Je le bats un peu avec une fourchette, puis j'ajoute l'huile et l'eau et je mélange bien.
Je verse ce mélange dans le puits de farine.
Avec les mains, je pétris pendant 5 minutes environ, pour obtenir une boule de pâte bien lisse et homogène.
J'ajoute les canneberges et je pétris encore quelques instants, pour bien les incorporer.

3 Je sépare la pâte en 6 portions. Je roule chaque portion dans mes mains pour former de jolies boules. J'aplatis légèrement chaque boule en la posant sur une plaque pouvant aller au four.

4 Je cuis les petits pains pendant 25 minutes environ. Je laisse refroidir. Je peux les conserver quelques jours dans un torchon propre.

Gâteau devinette

Pour 8 personnes

- 1 grosse betterave cuite (200 grammes)
- 2 œufs
- 120 grammes de sucre de canne brun
- 3 c. à soupe bien pleines d'huile d'olive
- 1 c. à café de vanille en poudre
- 35 grammes de cacao en poudre
- 1 pincée de sel
- 130 grammes de farine de blé type 80*
- 2 c. à café de poudre à lever

Si tu fais ce gâteau au chocolat pour ta famille ou tes amis, il faut leur faire deviner ce qu'il y a dedans. S'ils reconnaissent le goût de la betterave, c'est qu'ils sont vraiment très forts ! Et pourtant, de la betterave dans un dessert, ce n'est pas si bizarre que ça. Si tu goûtes un morceau de betterave, tu verras que son goût est plutôt sucré. On la sert d'habitude en salade avec de la vinaigrette, mais si l'on met du sucre, cela devient un vrai dessert ! C'est un peu comme la pomme : on peut la manger en salade ou en dessert.

30 min

* La farine de blé type 80, c'est aussi ce que l'on appelle de la farine bise. Elle n'est pas tout à fait blanche, on voit qu'il y a des petits points gris : c'est parce qu'elle contient aussi une partie de l'enveloppe du grain de blé. Elle est donc très bonne pour la santé, car elle contient plus de nutriments que la farine blanche.

1 J'allume le four à 180 °C.
Je coupe la betterave en morceaux.
À l'aide d'un mixeur ou d'un hachoir électrique, je la réduis en une fine purée.

2 Je casse les œufs dans un grand saladier, en prenant garde de ne pas y faire tomber de coquille.

J'ajoute le sucre et je mélange à l'aide d'un fouet, jusqu'à ce que le mélange mousse un petit peu.

J'ajoute ensuite l'huile, la vanille, le cacao et le sel. Je mélange bien.

3 J'ajoute alors la purée de betterave et je mélange jusqu'à ce que le mélange soit lisse et rose.

J'incorpore la farine et la poudre à lever, et je mélange doucement avec une spatule pour que la pâte soit homogène.

4 Je choisis un moule à gâteau rond et pas trop grand (d'un diamètre de 20 à 22 centimètres). Je verse quelques gouttes d'huile dans le fond du moule, et je l'étale partout sur le fond et les bords, avec les doigts. Ensuite, je verse la pâte à gâteau dans le moule.

Je cuis le gâteau au four pendant 30 minutes environ.

Je vérifie la cuisson en plantant la pointe d'un couteau dans le gâteau. Si elle ressort sèche, c'est qu'il est cuit.

Une fois le gâteau sorti du four, il faut le laisser complètement refroidir avant de le manger.

5 Je peux décorer le gâteau avec des morceaux de pomme découpés à l'emporte-pièce et trempés dans le jus de la betterave.

Je peux également ajouter des petits morceaux de caramel.

Carrés magiques

Pour 8 personnes

- 3 verres de lait de riz
- 1 verre de polenta (semoule de maïs) précuite
- 3 c. à soupe de sirop d'agave*
- 1/4 de verre de dés de fruits confits (écorces d'orange ou de citron)
- 1/4 de verre de noisettes (ou de noix, d'amandes...)
- 1/4 de verre de fruits secs (raisin, abricot, figue, canneberge...)

Ces carrés sont magiques, parce que tu peux t'amuser à glisser dedans tous les ingrédients que tu aimes : des oléagineux comme la noix et la noisette (un peu amères), des fruits séchés comme la figue ou l'abricot (très sucrés), et des fruits confits comme les écorces d'orange ou de citron (à la fois sucrées, amères et acidulées). À toi de choisir la bonne formule !

✿✿   15 min

* L'agave est une sorte de cactus dont on tire un nectar au goût très doux. Ce sirop n'est pas tout à fait comme ceux que l'on boit en ajoutant de l'eau. On l'utilise plutôt comme du miel, pour sucrer les desserts, les crêpes ou les yaourts.

1 Cette recette est meilleure si on la prépare quelques heures à l'avance, ou bien 1 jour avant de la manger.
Je garnis un moule carré avec une feuille de papier cuisson.

2 Je verse le lait de riz dans une casserole et je le porte à ébullition. Je baisse le feu au minimum et je verse la polenta en pluie, tout doucement, en remuant bien à l'aide d'une cuillère en bois.

Je continue à mélanger sur feu doux, jusqu'à ce que ça commence à bien épaissir.

J'enlève la casserole du feu et j'ajoute le sirop d'agave ainsi que tous les autres ingrédients.

Je mélange bien, puis je verse dans le plat que j'avais préparé.

Je lisse bien le dessus à l'aide d'une spatule pour que ce soit joli.

3 Je laisse refroidir, puis je place au réfrigérateur pour quelques heures ou pour la nuit.

Au moment de servir, je démoule en m'aidant de la feuille de papier qui dépasse. Je découpe en carrés, en losanges ou bien en d'autres formes, avec un verre ou un emporte-pièce.

Je sers bien frais.

EN PIQUE-NIQUE

Taboulé des elfes farceurs

Pour 4 personnes

- 1 petit chou-fleur
- 1 tête de brocoli
- 1 citron
- 4 c. à soupe d'huile d'olive
- 1 pincée de sel
- 1 botte de persil
- 1 bouquet de basilic
- 4 oignons nouveaux
- 4 belles tomates
- 2 grosses poignées de noisettes*

✿✿   aucune

* Les noisettes sont des fruits oléagineux. « Oléagineux » signifie « qui contient de l'huile ». Contrairement aux pommes, par exemple, ce ne sont pas des fruits que l'on mange frais, mais plutôt que l'on croque secs. J'aime beaucoup en mettre dans les salades.

Pour faire du taboulé, on utilise normalement du blé (boulgour ou couscous). Mais des elfes farceurs ont décidé de nous jouer un tour et de remplacer le couscous par de la semoule de chou-fleur et de brocoli ! Tu vas pouvoir jouer un sacré tour à ta famille et à tes amis…

1 J'ôte les feuilles et le pied du chou-fleur. Je le découpe soigneusement en petits bouquets. Je coupe la queue du brocoli et je le détaille aussi en petits bouquets.

2 Je les rince sous un filet d'eau et je les dépose sur un torchon propre.
À l'aide d'une râpe à fromage ou bien d'un mixeur, je râpe les bouquets de chou-fleur et de brocoli. J'obtiens une sorte de semoule qui ressemble beaucoup au couscous. Je mets la semoule de légumes dans un grand saladier.

3 Je coupe le citron en deux et je le presse à l'aide d'un presse-agrumes.
Je verse le jus sur la semoule de légumes.
J'ajoute l'huile d'olive et le sel.
Je lave le persil et le basilic. J'ôte les tiges, que l'on ne mange pas. Je prends 1 poignée d'herbes, que je roule avec le plat de la main sur le plan de travail pour former un rouleau. À l'aide d'un couteau, je cisèle finement ce petit rouleau. Je fais de même avec le reste des herbes et je les ajoute dans le saladier.

4 Je lave les oignons nouveaux et les tomates sous un filet d'eau.
J'émince les oignons.
Je coupe les tomates en petits dés, en laissant de côté les pépins et le jus.
Dans le saladier, j'ajoute les oignons émincés, les dés de tomate et les noisettes. Je remue délicatement.
Je conserve bien au frais jusqu'au moment de servir.

Boulettes kilucru

Kilucru « bonne mine »

- 1/2 carotte
- 1/2 pomme verte
- 100 grammes de fromage de brebis frais
- 1 pincée de sel
- 3 poignées de noisettes

Les boulettes, c'est vraiment rigolo à réaliser : il faut râper, écraser, rouler… Le résultat est épatant ! Avec du fromage de chèvre ou de brebis frais, on associe d'autres saveurs acidulées comme celle de la pomme verte, ou alors des saveurs salées comme celle de l'umebosis. Quand on les croque, c'est la fête des saveurs pour nos papilles.

☼   aucune

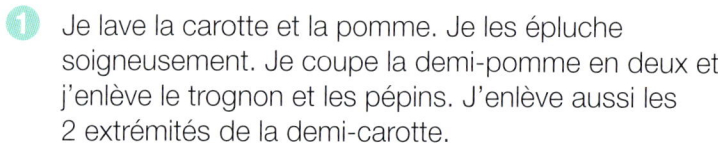

1. Je lave la carotte et la pomme. Je les épluche soigneusement. Je coupe la demi-pomme en deux et j'enlève le trognon et les pépins. J'enlève aussi les 2 extrémités de la demi-carotte.
Je râpe finement la pomme et la carotte, avec une râpe à fromage. Attention les doigts !
Dans une assiette, j'écrase le fromage de brebis à l'aide d'une fourchette. J'ajoute le sel, la pomme et la carotte râpées. Je mélange bien.
Avec les doigts, je prends un petit peu du mélange et je le roule dans la paume de mes mains pour en faire une boulette. Je fais pareil avec tout le reste du mélange.

2 Je mets les noisettes dans une grande poêle. Je les fais griller sur feu vif. Je sais que les noisettes sont grillées quand leur peau est noire et que ça sent bon la noisette dans la cuisine ! Lorsque c'est prêt, je les verse sur une assiette en attendant qu'elles refroidissent.

Ensuite, j'enlève leur peau avec les doigts, en faisant rouler les noisettes entre les paumes de mes mains. La peau s'en va toute seule.

Je dépose toutes les noisettes pelées sur un torchon bien propre.

Je replie le torchon sur les noisettes pour qu'elles ne puissent pas s'échapper. Je tape sur le torchon avec un rouleau à pâtisserie pour bien écraser les noisettes. Je roule ensuite les boulettes de fromage dans les éclats de noisette. Je décore chaque boulette d'une petite pique.

Je place au réfrigérateur jusqu'au moment de servir.

Kilucru "berger du Japon"

Kilucru « berger du Japon »
- 100 grammes de fromage de chèvre frais
- 3 c. à café de purée d'umebosis*
- 3 c. à soupe de graines de pavot

* L'umebosis est une prune qui vient du Japon. Les Japonais la font tremper dans du vinaigre et en mangent une à chaque repas. Là-bas, on dit que c'est le secret pour ne jamais être malade... Comme elle est salée et acidulée à la fois, la purée d'umebosis est très amusante à utiliser.

1 Dans une assiette, j'écrase le fromage de chèvre à l'aide d'une fourchette.
J'ajoute la purée d'umebosis et je mélange bien.

2 Avec les doigts, je prends un petit peu du mélange et je le roule dans la paume de mes mains pour en faire une boulette. Je fais pareil avec tout le reste du mélange. Je verse les graines de pavot dans une autre assiette.
Je roule les boulettes de fromage dans les graines de pavot. Je décore chaque boulette d'une petite pique. Je place au réfrigérateur jusqu'au moment de servir.

Pour 6 personnes

- 2 grandes tiges de rhubarbe
- 2 c. à soupe de sucre complet*
- 250 grammes de fraises

15 à 20 min
+ 5 min

80

Le sucre complet a un goût d'épices et de réglisse. Contrairement au sucre blanc, il est complet car il contient tous les éléments de la canne à sucre. Il est donc meilleur pour la santé, car il est riche en vitamines et en nutriments.

Au printemps, en même temps que les fraises, on trouve de la rhubarbe. C'est un légume surprenant : très acidulé, il est surtout consommé en dessert (comme dans la tarte à la rhubarbe, par exemple). Maintenant, tu le sais : lorsque l'on mélange du sucré et de l'acidulé, on est sûr de se régaler. Alors avec la fraise et la rhubarbe, tu ne peux pas te tromper !

1 Je lave la rhubarbe. Je l'épluche avec un couteau sur toute sa longueur. Je la coupe ensuite en petits tronçons.
Je place la rhubarbe dans une casserole. J'ajoute le sucre et je mélange.
Je couvre la casserole avec un couvercle. Je fais cuire sur feu très doux pendant 15 à 20 minutes environ. La rhubarbe doit être bien tendre.

2 Pendant ce temps, je lave délicatement les fraises, sans les équeuter. Je les dépose sur un papier absorbant.

J'équeute les fraises. Je les coupe en deux, ou en quatre si elles sont très grosses. Je peux laisser certaines fraises entières si elles sont petites.

3 J'ajoute les fraises dans la casserole et je la mets sur feu moyen. Je continue à cuire, tout en remuant, pendant 5 minutes.

J'ôte la casserole du feu, je remets le couvercle par-dessus et je laisse refroidir.

Je sers bien frais.

C'EST LA FÊTE !

Gâteau de la fée Citron

Pour 8 personnes

- 2 citrons (zestes et jus)
- 3 œufs
- 80 grammes de sucre blond de canne
- 60 grammes de purée d'amande blanche
- 40 grammes de farine
- 1 c. à café de poudre à lever
- 40 grammes de poudre d'amande
- 1 pincée de sel
- 125 grammes de pâte d'amande
- 12 fleurs de primevère* non traitées

La fée Citron a une recette de gâteau secrète, qui plaît aux grands mais aussi aux enfants. Aujourd'hui, elle veut bien révéler son secret : c'est l'amande, à la fois douce et amère, granuleuse (dans la poudre), onctueuse (dans la purée) et sucrée (dans la pâte). Tu verras, son gâteau est féérique !

25 min

*La primevère est l'une des premières fleurs du printemps. Elle pousse à l'ombre des haies et des sous-bois. En cuisine, elle est à la fois décorative et délicatement sucrée.

1 J'allume le four à 170 °C.
Je lave bien les citrons. À l'aide d'une râpe à fromage, je prélève le zeste jaune de chaque citron et je le mets dans un petit bol. Avec un presse-agrumes, je presse les 2 citrons pour recueillir leur jus.
Je mets devant moi 2 saladiers. Je casse les œufs en séparant les blancs et les jaunes : je mets les blancs dans un saladier, et les jaunes dans l'autre.

2 Dans un saladier, je mets les jaunes d'œufs et j'ajoute le sucre. À l'aide d'un fouet, je bats vivement pour obtenir une belle crème mousseuse.
J'ajoute la purée d'amande et le jus de citron, tout en mélangeant.
Ensuite j'ajoute la farine, la poudre à lever, la poudre d'amande et le zeste des citrons.
Je mélange encore, pour obtenir une pâte homogène.

4 Je les incorpore très délicatement à la pâte, en utilisant une spatule. Il ne faut pas les casser, car c'est grâce à eux que le gâteau va gonfler.
Avec mes doigts, j'étale un peu d'huile dans le fond et sur les bords d'un moule à gâteau rond*.
Je verse la pâte dans le moule.

* Il faut utiliser un moule pas trop grand, de 20 à 22 centimètres de diamètre environ.

3 Avec un batteur électrique, je bats les blancs d'œufs en neige avec la pincée de sel.

5 Je cuis au four pendant 25 minutes environ. Je vérifie la cuisson en plantant la pointe d'un couteau au milieu : si elle ressort sèche, le gâteau est cuit. Je laisse bien refroidir avant de démouler.

6 Je réalise les roses en pâte d'amande pour décorer le gâteau.
Je fais des petites boules de pâte de différentes tailles, je les aplatis et les assemble entre elles.
Je décore le gâteau de roses en pâte d'amande et de fleurs de primevère.

Pour 8 personnes

Pour la pâte :

- 1 œuf
- 50 grammes de sucre de canne blond
- 1 grosse c. à soupe de purée d'amande blanche
- 150 grammes de farine de blé type 80
- 1 c. à café de poudre à lever*
- 1 c. à café de vanille en poudre
- 1 pincée de sel
- 10 centilitres de lait végétal (de riz ou d'amande)

Pour le glaçage :

- 1 fraise + 8 fraises pour la décoration
- 2 grosses c. à soupe de purée d'amande blanche
- 1 c. à soupe de sucre de canne blond
- 1 petite c. à soupe de lait végétal

* La poudre à lever permet de faire gonfler les gâteaux lorsqu'ils cuisent dans le four. Elle est différente de la levure de boulanger que l'on utilise pour faire le pain, car celle-ci doit lever longtemps dans la pâte avant d'être enfournée. Avec la poudre à lever, pas besoin d'attendre : c'est instantané !

Douceurs de Zoé fraise et vanille

Zoé Sucré a 2 parfums préférés : la fraise et la vanille. Ils sont vraiment doux et gourmands ! Elle s'est donc amusée à faire elle-même des gâteaux de fées. Ce sont des gâteaux à la vanille décorés d'un glaçage à la fraise. Tu verras, c'est très facile à faire pour épater tes amis.

✿✿   20 min

1 J'allume le four à 200 °C.
Je commence par préparer les petits gâteaux.
Dans un saladier, je casse l'œuf. J'ajoute le sucre et je mélange avec un fouet, jusqu'à ce que j'obtienne une belle crème mousseuse.
J'ajoute la purée d'amande, toujours en mélangeant. J'ajoute ensuite la farine, la poudre à lever, la vanille et le sel. Je mélange avec une cuillère en bois jusqu'à ce que cela soit homogène. Enfin, j'incorpore le lait petit à petit, toujours en remuant.

2 Dans 8 grands moules à muffins, je dépose des godets en papier. Avec la pâte, je les remplis mais pas jusqu'en haut (il faut laisser de la place car les gâteaux vont gonfler pendant la cuisson).
Je mets au four pour 20 minutes environ. Je vérifie la cuisson en plantant la pointe d'un couteau au milieu des gâteaux : si elle ressort sèche, ils sont cuits. Je laisse refroidir.

3 Je lave les fraises et je les sèche délicatement.

4 Je prélève la purée d'amande dans son pot avec une grande cuillère, et je la fais glisser dans un bol en raclant avec mon doigt. À l'aide d'une fourchette, je touille un peu la purée d'amande pour la ramollir.

Je choisis 1 grosse fraise, j'enlève bien sa queue et je l'écrase avec la purée d'amande.

Tout en mélangeant, j'incorpore ensuite le sucre et le lait. Mon glaçage est prêt.

5 Je nappe chaque petit gâteau avec un peu de glaçage, puis je décore avec une fraise entière.

Je les pose petit à petit sur une grande assiette. Je la place au réfrigérateur jusqu'au moment de servir.

Biscuits sapin de Noël

Pour 35 biscuits

- 250 grammes de farine d'épeautre
- 2 c. à café de cannelle en poudre*
- 1/2 c. à café de gingembre en poudre*
- 1/4 de c. à café d'anis vert en poudre*
- 1/4 de c. à café de cardamome en poudre*
- 100 grammes de sucre complet
- 2 c. à soupe de lait végétal (de soja, ou bien de riz, d'amande...)
- 1 œuf
- 75 grammes de beurre

Ces petits biscuits rappellent le goût du pain d'épices : plein de saveurs qui explosent en même temps dans la bouche et qui évoquent les goûters d'hiver. N'oublie pas de faire un petit trou dans chaque biscuit avant de les mettre au four : ainsi, tu pourras glisser dedans une petite ficelle ou un ruban et les accrocher pour décorer la maison au moment de Noël.

✿ ✿   10 à 15 min

* Pour faire le pain d'épices, on mélange généralement 4 épices : la cannelle, le gingembre, l'anis vert et la cardamome. Lorsqu'elles se mélangent, elles créent une saveur bien particulière. Les épices sont un peu amères, c'est pour cela qu'on les consomme toujours en les incorporant dans un plat ou un dessert.

1 Dans un saladier, je mélange la farine avec la cannelle, le gingembre, l'anis vert, la cardamome et le sucre.
J'ajoute le lait et l'œuf et je mélange du bout des doigts.
Je coupe le beurre en petits morceaux et je l'ajoute dans le saladier.
Je mélange toujours du bout des doigts pour incorporer le beurre et obtenir comme des miettes.
Avec la paume des mains, je forme une boule.
Je couvre le saladier d'un torchon propre. Je le place au frais (sur le rebord de la fenêtre en hiver, par exemple) pour 1 heure au moins.

2 Je farine le plan de travail. J'étale la pâte dessus à l'aide d'un rouleau à pâtisserie. Elle est un peu dure au début parce qu'elle est froide, mais elle s'étale ensuite facilement. J'allume le four à 180 °C.

3 Je découpe des formes dans la pâte à l'aide d'un emporte-pièce. Je fais un petit trou dans chaque sablé (pour pouvoir passer le ruban dedans lorsqu'il sera cuit), avec le manche d'une petite cuillère, par exemple.

Je dépose les sablés sur une plaque de cuisson.

Je mets au four pour 10 à 15 minutes environ. Il faut surveiller pour que les sablés ne brûlent pas.

Je laisse refroidir.

Je glisse un morceau de ruban dans les trous prévus à cet effet.

Pour conserver les sablés, mieux vaut les placer dans une boîte en fer. Mais pour décorer la maison, tu pourras les accrocher à l'aide des rubans, puis les consommer petit à petit.

Clea est l'une des blogueuses culinaires les plus connues grâce à son blog **www.cleacuisine.fr.**
Elle est diplômée en sciences sociales appliquées à l'alimentation et est l'auteur de plusieurs ouvrages : *Agar-agar secret minceur des Japonaises*, *Quinoa*, *Cuisiner les ingrédients Japonais*, *Mes p'tites gamelles.*
À 28 ans, c'est une jeune maman qui a toujours cuisiné bio et ne compte pas s'arrêter en si bon chemin !

Photographe culinaire, passionnée de cuisine bio, Myriam Gauthier-Moreau a illustré de nombreux livres de recettes.
Elle développe en parallèle une activité photographique très personnelle dans laquelle les personnages qu'elle crée en papier mâché côtoient des éléments issus du « monde réel ». Le travail effectué pour le *P'tit Chef bio* se situe à la croisée de plusieurs facettes de son activité : la photographie, le stylisme culinaire et la création de personnages. Ainsi les 4 héros du livre sont directement sortis de son imaginaire, spécialement pour cet ouvrage.

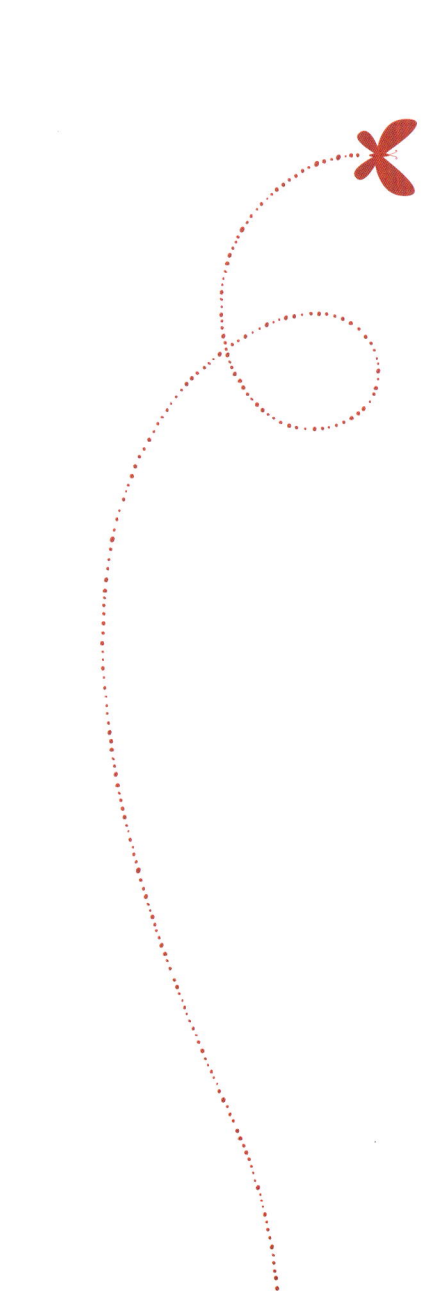

Achevé d'imprimer en septembre 2009